PUBLICATIONS DE « LA HOUILLE BLANCHE »

Juillet et Août 1911

LÉGISLATION PROTECTRICE

DU

SOL MONTAGNEUX

EN FRANCE

PAR

L.-A. FABRE

Inspecteur des Eaux et Forêts

LYON

IMPRIMERIE PAUL LEGENDRE & Cie

14, rue Bellecordière, 14

—

1911

PUBLICATIONS DE « LA HOUILLE BLANCHE »

Juillet et Août 1911

LÉGISLATION PROTECTRICE

DU

SOL MONTAGNEUX

EN FRANCE

PAR

L.-A. FABRE

Inspecteur des Eaux et Forêts

LYON

IMPRIMERIE PAUL LEGENDRE & Cie

14, rue Bellecordière, 14

1911

LÉGISLATION PROTECTRICE

DU

SOL MONTAGNEUX

EN FRANCE

I. — La France tire de ses montagnes d'incontestables richesses naturelles qu'une utilisation séculaire et surtout les
adaptations industrielles, agricoles et autres, dérivées aujour-
d'hui de la houille blanche, mettent de plus en plus en va
leur. La conservation et le développement de ces *énergies*
sont étroitement liés à la conservation et au développement
des forêts et des pelouses montagneuses qui sont gisements
de houille blanche presque au même titre que les glaciers.
D'autre part, ces forêts et pelouses sont aussi matières de vie
économique pour des populations sylvo-pastorales implantées de longue date, et adaptées aux milieux montagneux ;
elles-mêmes sont fonctions essentielles de ces organismes
économiques. En haute montagne plus qu'ailleurs, il y a
partie liée entre le sol et son occupant, et c'est par la forêt
et la pelouse que se fait l'enracinement de ce dernier.

Quand, au milieu du dix-neuvième siècle, les hydrauliciens préoccupés du dérèglement croissant du régime des
eaux, cherchèrent, comme de nos jours encore, à obvier aux
désastreuses inondations des plaines par la *correction* des
rivières torrentielles, ils remontèrent naturellement aux ori-
gines montagneuses de ces rivières dont une dévastation séculaire et aveuglante avait dénudé les régions de sources.

Vers la même époque, les économistes préoccupés eux aussi de la situation difficile de nos populations montagneuses alpines avaient reconnu l'état lamentable du sol boisé de ces hautes vallées. Hydrauliciens et économistes préconisèrent le reboisement comme principal objectif réparateur à poursuivre.

Un premier essai législatif fut tenté avec la loi sur le *Reboisement* du 28 juillet 1860. A cette époque on eût volontiers cherché à reboiser toutes nos montagnes, y compris leurs glaciers ! On espérait, d'ailleurs, vaincre la résistance des populations à l'aide de simples subventions. On s'aperçut vite qu'on faisait fausse route. Ce reboisement draconien, englobant, sous de vagues compensations pécuniaires, des territoires pastoraux d'où les troupeaux étaient nécessairement évincés, souleva des difficultés irréductibles.

Une nouvelle loi dite de *Gazonnement* fut promulguée le 8 juin 1864 pour mitiger l'intransigeance de la précédente, et ne pas exclure ceux des territoires montagneux que la nature a dévolus à la production de l'herbe, des mesures restauratrices du sol. Aux termes de cette loi, les propriétaires abandonnant définitivement à l'Etat une partie des terrains restaurés, se libéraient vis-à-vis de lui de toute récupération pécuniaire : c'était le début de la nationalisation du sol en France.

Mais ces compromis culturaux et économiques n'avaient pas clos l'ère des difficultés. D'ailleurs, les désastres torrentiels locaux, sans parler des grandes inondations, avaient largement continué à déborder des Alpes aux Pyrénées. Pour vaincre l'opposition croissante des populations pastorales, on imagina de recourir à l'expropriation pour cause d'utilité publique ou à l'acquisition amiable par l'Etat des territoires montagneux à restaurer. La « nationalisation du sol » fut le leitmotiv rédempteur inauguré par la loi du 4 août 1882 : on limitait toutefois les emprises restauratrices aux territoires où le danger était seulement « né et actuel ». Dès lors, on catalogua les torrents existants ; et plus tard, sans aviser à la multiplicité des causes de la dénudation qui les engendre, on fixa *ne varietur*, d'une part à 345 000 hectares la superficie des territoires à restaurer, de l'autre à près de 180 millions de francs le coût de l'opération qui devait être terminée théoriquement vers 1945.

Or, dans ce compte administratif, on a persisté, et jusqu'à notre époque, à oublier un des facteurs essentiels de la restauration des montagnes, celui qui touche à leur population, profondément atteinte, comme leur sol. Si l'on admet que les 345 000 hectares de territoires communaux ou particuliers qui sont en voie de nationalisation, restent encore peuplés de 18 ou 20 habitants par kilomètre carré, c'est, en définitive, au prix du déracinement légal de 60 000 à 80 000 montagnards que nous entendons restaurer nos montagnes, déjà pour tant de causes, en pleine dépopulation : n'est-ce point pure incohérence ?

Il y a cinquante ou soixante ans, alors que ces montagnes étaient encore peuplées (c'est au cours de la période 1845-1850 que débute l'exode), on pouvait peut-être envisager froidement semblable opération ; mais qui oserait s'en faire l'apologiste aujourd'hui que nous dépensons annuellement plus de 300 millions de francs pour salarier et alimenter le million de travailleurs étrangers qui cultivent nos terres, font nos récoltes, exécutent nos travaux publics, sans compter le tribut qui va revenir à l'armée de mercenaires que nous enrégimentons déjà au continent noir ?

Depuis plusieurs années, la question de l'expropriation du sol montagneux a été agitée au Parlement, sans qu'elle y ait jamais rencontré la moindre opposition (1). Aussi ne doit-on pas s'étonner que la nouvelle loi, hâtivement votée à la Chambre le 1er avril 1910 (2), ait été le reflet fidèle de cette conception spoliatrice qui rendra définitivement insoluble la « question des montagnes », posée une première fois au Pays il y a près de quarante ans (3) : la loi de 1882 en avait déjà fait bon marché.

---

(1) Sénat : Séance du 4 mars 1910. Discours du ministre de l'Agriculture, p. 410.

(2) *Journal Officiel* du 2 avril 1910. Chambre : Débats, p. 1880-1881.

(3) Cézanne, Assemblée nationale. Séance du 20 février 1873, p. 1224, col. 1 et 2, *Annuaire du Club Alpin Français*, 1874. p. 262 et 267.

L'œuvre de la restauration des montagnes est une « œuvre sans fin (¹). C'est à un *Régime agraire* bien plus protecteur que restaurateur du sol montagneux qu'il faut adapter la législation de demain. Seuls, les montagnards, principaux auteurs, mais non responsables uniques de la dénudation, sont adaptés à la tâche.

Au lieu d'évincer en principe ces montagnards et, pour améliorer leur sort, de les pousser à la colonisation algérienne qui ne leur procure que misères et déceptions (²), il faut chercher à les enraciner de plus en plus à leurs foyers, en s'ingéniant à leur permettre, à eux et à leurs troupeaux, de ne plus y mourir de faim.

II. — Au Parlement, on cherche actuellement à orienter, suivant deux systèmes opposés, notre économie sylvo-pastorale qui n'a pu trouver sa voie depuis cinquante ans. Certains poussent toujours sans réserves à la nationalisation du sol montagneux, dégradé ou non, « pour simple création de périmètres de reboisement ». On stimule la campagne administrative organisée de longue date à cet effet, on la glorifie. C'est 1 500 000 à 2 millions d'hectares qu'il faudra probablement exproprier en montagne, pour les reboiser (³). D'autres, au contraire, protestent hautement contre l'extension des périmètres, cause unique, à leur sens, de la misère pastorale (⁴).

(¹) F. David. Rapport sur le budget du ministère de l'Agriculture de 1907, p. 329. Chambre : Séance du 18 novembre 1907. Compte rendu, p. 2306. F. David. Rapport sur le budget de l'Agriculture de 1908, p. 145-411.

(²) E. Fallot. Les résultats de la colonisation officielle en Algérie. *Revue Economique Internationale*, 15-20 décembre 1910.

(³) F. David. Chambre : Rapport n° 378. Budget de l'Agriculture de 1911, p. 271, 272, 274, etc. — *Id.* Chambre : Rapport sur le budget de l'Agriculture en 1908, p. 145-411, etc. Chambre : Séance du 23 décembre 1910. Débats, p. 3627 et 3628. On sait que la Chambre s'est formellement prononcée contre tout projet d'acquisition de forêt en plaine. (Séance du 10 novembre 1908, p. 2619, etc.)

(⁴) Chambre. Séance du 23 décembre 1910. Débats, p. 3629. col. 2 et 3. et 3630, col. 1 et 2.

Les premiers oublient que ces grandioses expropriations, dont ils négligent d'ailleurs le prix de revient, réduiront forcément la population sur une étendue correspondante à quatre ou cinq départements, à moins de dix ou quinze habitants au kilomètre carré, taux de peuplement des Highlands d'Ecosse quand les habitants y mouraient de faim. Si, comme on le dit, la situation toujours pénible de nos montagnards mérite vraiment un « haut intérêt patriotique », il faut leur témoigner cet intérêt autrement qu'en les expropriant violemment de leur sol natal ; ou, très conscient que la nature fera d'elle-même cette expropriation, en se contentant de les libérer de leur glèbe en partie mortifiée, avec un morceau de pain et un lot de colonisation officielle. Ne faudra-t-il pas, plus tard, repeupler ce sol, si on veut le restaurer et le reboiser, et comment ?

Enfin, des expériences décisives poursuivies depuis un demi-siècle, des Alpes aux Pyrénées, montrent que le système de la Pâture-au-Pâtre, sans frein ni règle, conduira fatalement aux mêmes extrémités et anéantissements nos populations pastorales, par la famine du troupeau.

Quelques données statistiques préciseront ces faits.

Sous le nom de « dépécoration », on a fréquemment signalé la décroissance constante, depuis cinquante ou soixante ans, de notre troupeau d'ovins métropolitains ; on l'attribue surtout à trois causes : la dépréciation de la laine, le développement de la culture intensive et le morcellement de la propriété. Or, il est facile de constater que la dépécoration n'est pas limitée à nos moutons, qu'elle s'est surtout accentuée dans nos pays montagneux du Midi, où la culture demeure le plus stationnaire, où la population se raréfie le plus, et où restent massés les grands territoires pastoraux communs (Voir Tableau I.)

Localisé et précisé davantage, le parallélisme de ces variations s'affirme surtout en très haute montagne où, par le fait de la nationalisation du sol ou d'autres causes, les territoires pastoraux, et principalement ceux des communes, ont été le plus réduits. (Voir Tableau II.)

Il est difficile d'apprécier exactement la marche de la « nationalisation » du sol montagneux issue spécialement de la loi de 1882 : les documents sont épars, rien d'officiel ni de précis n'a été publié sur cette grave question sociale, même à propos de la discussion des lois récentes sur le Homestead et la Petite Propriété rurale : on s'est dérobé à cette publication qui reste en toute valeur sociale, comme justification ou condamnation des méthodes employées. Actuellement, les seuls éléments d'appréciation sont les suivants :

De 1862 à 1910, on accuse [1] la domanialisation des territoires ci-après :

Région des Alpes, 8 départements	Basses-Alpes, Hautes-Alpes, Alpes-Maritimes, Drôme, Isère, Savoie, Haute-Savoie, Var.....	141 098 hectares
Région des Causses et Corbières, 4 départements.	Gard, Hérault, Lozère, Tarn............	42 033 —
Région des Pyrénées, 5 départements	Ariège, Aude, Basses-Pyrénées, Hautes-Pyrénées, Pyrénées-Orientales.	24 725 —
Autres départements.........		12 336 —
		220 192 hectares
A déduire..........		488 —
Reste acquis à la domanialisation en 1910 :		219 704 hectares

D'autre part [2], de 1863 à 1905, la diminution de l'étendue des territoires *communaux* aurait été de 183 861 hectares, dont 175 673 hectares situés dans les 31 départements montagneux du Midi. La contenance approximative des terrains *particuliers* nationalisés serait donc la différence suivante : 219 704 — 175 673 = 44 031 hectares.

De 1863 à 1908, la réduction des territoires communaux a été de 203 818 hectares, soit 2 936 hectares par an ; de 1902 à 1908, cette réduction a été de 90 083 hectares, soit 14 000 hectares par an. La marche est donc très progressive,

---

[1] *Annuaire des eaux et forêts* de 1910, p. 284 à 286, et *Statistique forestière*, publiée par le ministère de l'Agriculture en 1878, p. 17 à 19.

[2] *Annuaire des Contributions directes* en 1909, p. 182 à 185.

par laquelle l'Etat se substitue aux communes pour devenir
le grand latifundiaire en haute montagne.

Enfin, sur les 345 000 hectares montagneux à nationaliser
pour « terminer la restauration des montagnes », suivant la
formule consacrée, 203 818 hectares auraient été domania-
lisés jusqu'en 1907 [1].

En 1900, dix-huit ans après l'application de la loi de 1882,
l'Etat avait dépensé, à l'occasion de cette œuvre restauratrice,
que l'on sait être « sans fin » aujourd'hui, 25 millions de
francs à nationaliser le sol, il restait à dépenser 26 millions
et demi pour achever l'entreprise [2]. Ces 51 millions ne
sont, en réalité, qu'une amorce de la dépense colossale qu'en-
gagerait à nouveau la loi de 1910, qui a libéré son texte
de l'ancienne contrainte du « danger né et actuel » : loi qui
contrevient formellement aux législations récentes sur le
Bien de famille, la Petite Propriété rurale et même les Re-
traites ouvrières. Car il ne faut pas oublier que les propriétaires montagneux touchés sont tous de petits cultivateurs,
travaillant eux-mêmes, avec leur famille, leur « coin de
terre », et pour lesquels le pâturage communal est une sorte
de volant qui emmagasine l'énergie indispensablde à la vie
pastorale. (Voir Tableau III.)

Il est bien évident qu'en éliminant de son nouveau texte
la clause ancienne qui restreignait la nationalisation du sol
montagneux à celui présentant des « dangers nés et actuels »,
la législation de 1910 aura pour résultat certain de générali-
ser les faits de nationalisation du sol. Nul n'a jamais essayé
de préciser la nature des « dangers » que devaient présenter
les 345 000 hectares en voie de nationalisation. Des faits
actuels et bien connus montrent que nul ne saura mieux *dé-
limiter* les terres pauvres si délaissées en montagnes, d'avec

---

[1] Jean Dupuy. Rapport au Sénat sur le budget de l'Agriculture de
1908, p. 72. Noulens : Rapport à la Chambre sur le budget de l'Agriculture de 1909, p. 27-28.

[2] Restauration et conservation des terrains en montagne. Compte
rendu sommaire des travaux de 1868 à 1900, p. 32-33, Paris, Imp. nat..
1900.

TABLEAU I

	VARIATIONS PARALLÈLES DU CAPITAL PÉCORAL ET DE LA POPULATION MÉTROPOLITAINE			
	31 départements montagneux du Midi (1)	56 autres départements	Totalité du te ritoire	
1° Capital pécoral de 1882 à 1907 = 25 ans				
Ovins..................	— 2 816 213 = 28 %	— 3 532 936 = 25 %	— 6 349 149 = 26 %	(1). Voir Tableau IV.
Bovins.............	+ 185 368 = 5 %	+ 767 200 = 8 %	+ 962 568 = 7 %	Nombre de têtes. Statistiques agricoles de 1882 et 1907.
Porcins	— 32 042 = 1 %	— 119 830 = 3 %	— 151 872 = 2 %	+ augmentation. — diminution.
De 1882 à 1907, le nombre de têtes de bétail des diverses espèces a décru dans les 14 départements ci-après : Alpes (Basses et Hautes), Ardèche, Cantal, Corse, Hérault, Isère, Loire, Lozère, Hautes-Pyrénées, Rhône, Tarn-et-Garonne, Savoie et Haute-Savoie.				On admet l'*équivalence pastorale* de 1 bovin pour 10 ovins.
2° Population de 1872 à 1909 = 34 ans				
De 1872 à 1891 = 19 ans..	+ 256 559	+ 2 083 712	+ 2 240 771 par an = 117 909	Dénombrements quinquennaux. Nombre d'habitants.
De 1891 à 1901 = 10 ans..	— 135 870	+ 754 623	+ 618 753 par an = 61 875	
De 1901 à 1906 = 5 ans...	— 63 105	+ 353 427	+ 290 322 par an = 58 064	
De 1872 à 1906 = 34 ans..	— 44 416	+ 3 193 762	+ 3 149 346 par an = 92 627	

TABLEAU II

	VARIATIONS PARALLÈLES DE L'ÉTENDUE DES TERRITOIRES PASTORAUX DU CAPITAL PÉCORAL ET DE LA POPULATION MONTAGNARDE DANS QUATRE DÉPARTEMENTS ALPINS						
	Territoires pastoraux		Capital pécoral de 1882 à 1907 (3)			Réduction de la population de 1872 à 1906 (1)	
	Réductions des territoires communaux ou sectionnaux de 1863 à 1909 (1)	Territoires divers nationalisés de 1862 à 1910 (2)	Ovins	Bovins	Po cins		
	hectares	hectares	têtes	têtes	têtes	Habitants	+ augmentation, — diminution
Basses-Alpes..........	14 101	58 254	— 42 135	— 1 556	— 7 743	— 26 306 = 18,88 %	(1) *Annuaire des Contribution directes* de 1909, p. 18: à 185
Hautes-Alpes.........	78 544	30 493	— 44 297.	— 7 720	— 4 057	— 11 400 = 9,59 %	(2) *Annuaire des Eaux et Forêts* de 1910, p. 284, 285. *Statistique forestière* de 1878. p. 30-38 et 17-19.
Isère	30 449	11 328	— 45 081	— 7 656	-- 16 754	— 13 469 = 2,34 %	(3) *Statistiques agricoles* de 1882 et 1907.
Savoie	94 648	4 944	— 39 057	— 9 211	+ 4 151	— 14 661 = 5,48 %	(4) Dénombrements quinquennaux.
Totaux et proportions .	217 742	105 019	— 170 570 = 20,7 %	— 26 143 = 6,8 %	— 24 403 = 13 %	— 65 756 = 5,97 %	

d'autres plus riches et autrement convoitées dans les plaines et vallées. Le succès obtenu par cette législation, véritable provocation au socialisme agraire, pourrait peut-être s'expliquer ainsi.

TABLEAU III

RÉGIONS	NOMBRE DE				
	Cultures		Cultivateurs		
	Directes	Totales	Propriétaires	Non propriétaires	
31 départements montagneux du Midi (1)....	1 677 147	2 005 752	1 432 254	355 924	Statistique agricole de 1892 Tableaux, p. 248 à 253.
	Rapport $\frac{\text{Dir.}}{\text{Tot.}} = 0{,}83$		Rapport $\frac{\text{Pr.}}{\text{N.-pr.}} = 4{,}02$		
56 autres départements.	2 513 648	3 612 565	1 954 991	1 071 701	
	Rapport $\frac{\text{Dir.}}{\text{Tot.}} = 0{,}66$		Rapport $\frac{\text{Pr.}}{\text{N.-pr.}} = 1{,}82$		(1). Voir Tableau IV
Totalité du territoire........	4 190 795	5 618 317	3 387 245	1 427 625	
	Rapport $= 0{,}74$		Rapport $= 2{,}37$		
4 départements alpins : (Alpes, Basses et Hautes Isère, Savoie)	213 108	241 952	182 107	19 862	
	Rapport $= 0{,}88$		Rapport $= 9{,}17$		

En 1909, les acquisitions de terrains à l'intérieur des périmètres ont occasionné les dépenses suivantes (1) :

Alpes .... 424 340 fr. ⎫
Plateau Central et Causses   54 462 ⎬ 586 525 fr.
Corbières et Pyrénées ... 105 723 ⎭

A raison de 80 francs l'hectare et de 18 à 20 habitants au kilomètre carré, cette dépense correspond au déracinement de 100 familles montagnardes.

---

(1) F. David. Chambre, session de 1910. Rapport n° 378 sur le budget de l'Agriculture de 1911, p. 490, 491.

Il est bien évident qu'on ne suivrait pas une autre tactique si, au lieu de vouloir restaurer nos montagnes, nous cherchions à les dépeupler.

C'est à *protéger en temps utile* le sol montagneux, pour et contre le troupeau qui le dénude et le dégrade, qu'on doit s'appliquer, au lieu d'y faire à la fois le vide et du troupeau et du berger par la spoliation du sol laissé, comme jadis, en proie à tous les abus.

III. — Bien avant la promulgation de son texte, la loi de 1882, sur la restauration des montagnes, dont celle votée en partie le 1er avril 1910 n'est qu'une paraphrase, avait été l'objet de nombreuses critiques : elles n'ont fait que s'accentuer ; et depuis plus de vingt-huit ans, il n'est guère de technicien qui n'ait formulé la sienne. Cependant, il n'y a pas encore unanimité absolue sur la nécessité de remplacer cette loi très attaquée.

Si, un instant, les pouvoirs publics reconnaissent sa faillite [1], l'instant d'avant ils avaient vanté ses bienfaits [2]. Aussi s'explique-t-on qu'ils ne soient pas intervenus à la Chambre le 1er avril 1910 : ne voulant prendre parti, ils ont ignoré le débat.

D'ailleurs, pour des auteurs très qualifiés, cette loi de 1882 donnerait encore toutes satisfactions en montagne [3], au même titre qu'auraient pu le faire ou le font, paraît-il, toujours les moutons transhumants, les forges catalanes, les usines à produits tannants. Si bien que des esprits peu avisés pourraient être induits à penser que le moyen le plus simple

[1] « Toutes les lois qui ont eu pour objet le gazonnement et la règlementation des pâturages ont jusqu'ici échoué, aussi bien les lois de 1860 et de 1864, que celle de 1882... Conserver l'état actuel, ne rien faire serait coupable. » (Sénat : Séance du 4 mars 1910, p. 411-412. Discours du ministre de l'Agriculture.)

[2] *Ibid.*, p. 409.

[3] F. Briot. Boisements, Forêts et Pâturages de montagne. (*Revue des Deux Mondes*, 1er juillet 1910, p. 192, etc.)

de restaurer nos montagnes serait d'y semer à profusion tant de bienfaisants expédients : ils se tromperaient assurément.

Plus sceptiques encore peut-être sont ceux qui rêvent aujourd'hui d'une Icarie alpestre où, la période d'exode terminée et l'ère des querelles pastorales ainsi close, une place honorable pourra être faite aux forêts en haute montagne et, sans doute, aux bergers raréfiés qui consentiront encore à transhumer sur l'alpe... en villégiature (1).

Mentionnons aussi, pour mémoire, les partisans de la colonisation à outrance, pour lesquels une loi de déracinement est toujours la bienvenue.

Enfin, une appréhension, peut-être légitime, incite d'autres esprits plus circonspects (2) à préférer un *statu quo*, même défectueux, aux aventures d'un nouveau recours à l'Etat-Providence. On sait ce que l'on a...

Malgré ces discordances qui prouvent la délicatesse du sujet, on doit reconnaître que l'effort actuellement tenté au Parlement, par de hautes et louables initiatives, répond fidèlement à un mouvement d'opinions mûrement préparé dans les milieux intellectuels, économiques et sociaux du pays depuis dix ou quinze ans : déjà s'y étaient adaptés des procédés d'éducation et des moyens d'action sociaux très utiles.

Un enseignement sylvo-pastoral rudimentaire est donné dans nos petites écoles rurales : il y est propagé par des Sociétés forestières scolaires et parfois des Fêtes de l'Arbre. Dans certaines régions forestières se sont constituées des Sociétés forestières en vue du reboisement des terrains dénudés. Une Association centrale pour l'aménagement des montagnes s'est organisée à Bordeaux et rayonne déjà dans les Alpes. Elle est alimentée par des cotisations bénévoles et des subventions. Elle prend à bail des territoires sylvo-pastoraux d'où sont exclus tous les troupeaux appartenant à des

---

(1) A. Schœffer. Alpes et Forêts. (*Revue des Eaux et Forêts*, 1ᵉʳ mars 1911.)

(2) Ct. Audebrand. Compte rendu du premier Congrès de navigation intérieure, Bordeaux 1907. Séance du 18 juillet 1907, p. 217, etc.

étrangers aux territoires loués. Ceux-ci sont gardés, restaurés et administrés gratuitement. En 1910, cinq ans après sa constitution, l'Association gérait ainsi 10 700 hectares de biens pastoraux pyrénéens : sur un budget total de 15 280 francs, dont 4 500 francs fournis par des cotisations, elle dépensait 4 984 francs en loyers, le reste en travaux et frais d'administration (1). En Dauphiné, une filiale assure de même, mais avec une participation plus immédiate de l'Etat et de divers groupements intéressés, la location de 5 000 hectares de hauts pâturages dévastés jusqu'ici par les troupeaux transhumants de Provence.

Mais ces moyens, excellents d'ailleurs, ont une action beaucoup trop précaire et limitée dans le temps et dans l'espace : ils ne peuvent parer utilement à tous les dangers issus de la dénudation montagneuse, et dispenser d'une action législative plus immédiate, active et méthodique.

Sauf le principe d'une « protection nettement préventive » des territoires exposés aux dégradations météoriques, mis en toute valeur par la loi fédérale suisse de 1902 (2), qui, bien que recourant en principe à l'expropriation, n'est pas devenue comme en France, une loi spoliatrice du montagnard, la législation montagneuse à instituer en France n'a rien de bien spécial à emprunter aux précédentes législations françaises ou étrangères. C'est un texte nouveau, rédigé suivant un esprit nouveau, adapté à des faits nouveaux qu'il faut élaborer : avec la préoccupation stricte de l'approprier aux gens et aux choses de nos hautes montagnes, dans l'instant présent, en ménageant l'avenir.

------

(1) P. Descombes. Assemblée générale en 1910 de l'Association centrale pour l'aménagement des montagnes, Bordeaux, 1910.

(2) F. David. Rapport sur le budget de l'Agriculture de 1907, p. 408-417. Art. 38, Rapport, etc. de 1908, p. 145.

En Suisse, l'expropriation du sol montagneux à *protéger* dans l'intérêt public est bien prévue dans la loi fédérale de 1902, mais, en fait, on n'y a eu recours que très exceptionnellement. Jamais l'Etat ne se réapproprie « l'allmend », la terre commune ou corporative : son rôle éminent se borne à y prescrire, subventionner et assurer les restaurations utiles

Le reboisement est toujours un des objectifs indispensables de cette législation de demain, opposée plus que jamais à la dilapidation de nos richesses ligneuses, comme aux progrès de la dénudation qui compromettent la régularisation du régime des eaux ; mais il ne saurait rester en haute montagne, comme l'y avait fait la loi d'hier et comme tendrait à l'y représenter encore celle d'aujourd'hui, la préoccupation dominante. La difficulté n'est plus de semer ou planter, mais de pouvoir le faire là et partout où il le faut, et en portant le moindre préjudice au peuplement actuel du sol. En se dérobant encore, comme en 1882 ([1]), à l'effort capital qu'exige actuellement la restauration de nos montagnes, on apporterait à l'œuvre une nouvelle dérivation analogue à celle qu'aux temps héroïques de son début, lui apporta l'excès des « grands barrages », si justement condamnés aujourd'hui.

Le pré-bois, le vacant pastoral, la haute pelouse ont chacun à leur place naturelle, là où la forêt dense n'est plus à la sienne, un rôle protecteur du sol, régulateur du régime des rivières dans la mesure où le permettent encore les transformations hydrauliques qui leur ont été infligées ; épurateur des eaux d'alimentation publique accidentellement contaminées ; stabilisateur des populations ; en un mot, conservateur et restaurateur d'énergies montagneuses. Et c'est en s'attachant à restaurer la plus précieuse de ces énergies, leur résultante sociale, et une des plus dégradées, la population de nos montagnes, que doit être orienté le suprême effort législatif. Agir autrement serait lâcher la proie pour l'ombre.

Vouloir condenser, comme en 1882 et 1910, les objectifs et moyens de l'œuvre projetée, dans un texte unique, subordonnant à l'idée à peu près exclusive du reboisement l'immense et incessante variété des causes, formes et conséquences de la dégradation du sol, considérée de la mer aux glaciers, sur les dunes, plateaux et hautes vallées, dans les bois de plaines et de bas coteaux, les châtaigneraies, les prés-bois alpestres, est une utopie. La législation montagneuse

---

([1]) L. Tassy. *La Restauration des montagnes.* Etude sur le projet de loi présenté au Sénat, Paris, Rothschild, 1877, p. 79.

de demain, loin de vouloir tenter une si fabuleuse synthèse, doit s'efforcer de préciser et de limiter sa tâche.

C'est par des instruments législatifs, qui furent efficaces parce qu'ils étaient adaptés à des milieux géographiques bien étudiés et bien définis, qu'au dix-neuvième siècle, on a pu poursuivre et achever l'œuvre colossale de la fixation de nos dunes océaniques ; qu'au temps du second Empire, on a assaini, reboisé, mis en valeur 800 000 hectares de landes gasconnes et solognotes, où la population croît aujourd'hui. A part les transformations contemporaines, opérées dans les tourbières westphaliennes ou les marais du haut plateau russe, et depuis les temps historiques où la colonisation européenne engageait, en outrepassant la mesure, des luttes légendaires contre « la forêt et le marécage », il n'a jamais rien été fait d'équivalent à ces conquêtes culturales, entièrement réalisées depuis un demi-siècle par la France : elle peut s'en glorifier. C'est une loi spéciale qui régit le territoire forestier algérien : un autre défend de l'incendie les forêts des Maures et de l'Esterel. C'est à une loi spéciale, sollicitée en vain, qu'il faudrait recourir pour garder également du feu les pineraies landaises, les hautes pelouses et vacants pastoraux des Pyrénées. Comment empêcher, sans une loi spéciale, les usines de produits tannants d'anéantir les dernières épaves de nos châtaigneraies ? Une loi n'est utile et durable que si elle peut s'adapter aux faits issus de la nature des choses ; elle doit savoir évoluer avec ces faits.

Bien que disséminés sur un bon tiers du sol métropolitain, les territoires à protéger ne sont pas répartis au hasard dans nos montagnes. Un ensemble de phénomènes physiques, issus de circonstances géographiques précisées aujourd'hui, groupe ces terrains sous une sorte de dictature draconienne. Des Alpes aux Pyrénées, ils gisent dans les zones élevées que botanistes et géographes dénomment subalpine et alpine : c'est là que météorologistes et hydrographes ont reconnu que le sol des écrans montagneux, plus exposé qu'ailleurs aux dégradations météoriques, aux vents, pluies et avalanches, recevait le choc habituel des pluies dans les conditions les plus dommageables à son intégrité.

Dans la zone subalpine, le sol est naturellement défendu par l'abri « d'associations forestières », dont la culture et le pastorat montagneux n'ont généralement laissé subsister que de rares témoins. Ces forêts élaboratrices, comme partout, d'humus hygroscopique, massives ou éparses, se clairièrent d'elles-mêmes, au fur et à mesure que sur des sols de plus en plus élevés et de moins en moins arrosés, se développe l'abri nouveau de la pelouse des zones alpines. Cette pelouse se raréfie également et finit par disparaître dans les zones nivales, infra-glaciaires où la roche enneigée ou glacée n'a plus habituellement à lutter contre l'attaque des pluies.

Plus spécialement, les territoires à protéger sont localisés aux ultimes ramifications des cours d'eau montagneux, dans de larges bandes, festonnées à l'amont par les derniers représentants de la vie végétale polaire, et jalonnées à l'aval par la confluence des grands ravinements avec les rivières torrentielles. De part et d'autre de ces bandes, l'action protectrice et restauratrice de la législation que nous envisageons particulièrement ici, n'a plus immédiatement à intervenir.

Il est bien évident que des circonstances topographiques spéciales pourront introduire quelques variantes dans ce cadre d'ensemble. Mais si sommaire qu'en soit l'esquisse, elle précise une fois encore des faits essentiels déjà envisagés : d'abord la liaison intime de l'action sylvicole à l'action pastorale, d'où la nécessité d'une technique sylvo-pastorale plus souple et mieux adaptée que ne pouvait l'être la technique exclusive du reboisement et des « grands travaux » de consolidation du sol [1] ; en outre, l'objectif social d'une orientation vers l'enracinement et non l'éviction de la population autochtone qui exploite ces territoires, objectif que ne résoudrait, en aucune manière, l'adoption d'un régime exclusivement pastoral : ce régime sera le corollaire naturel du principe de la protection du sol, mais quand cette dernière aura été assurée. A quoi servirait ce régime pastoral très

---

[1] C'est la technique de l'*Ecole nouvelle*, Audiffred. Sénat : Séance du 3 mars 1910. Compte rendu, p. 382, col. 2.

Tableau IV

ÉLÉMENTS de comparaison	PAYS montagneux du Midi 31 départements (1)	SURPLUS du territoire : 56 départements	TOTALITÉ du territoire métropolitain
Variation de la population[2] :			
1° de 1789 à 1880[3]	+ 2 726 000	+ 9 499 000	+ 12 225 000
2° de 1901 à 1906[4]	— 63 105	+ 353 427	+ 290 322
Population totale en 1906[4].	10 156 952	29 095 315	39 252 267
Habitants en 1906, au kilo-mètre carré........	54	85	74
Nombre de :			
1° Jeunes gens *incorporés* à l'armée en 1907[5]........	72 997	185 114	258 111
2° Jeunes gens *insoumis* en 1907[5]...............	1 825	3 080	4 905
3° *Colons* originaires de la métropole fixés en Al-gérie jusqu'en 1896[6].......	62 497	75 708	138 200
4° *Familles* métropolitai-nes admises à la colonisation officielle de 1881 à 1904[7] ..	5 952	1 994	7 946
5° *Habitants de la province* fixés à Paris de 1891 à 1901[8].	63 039	146 001	215 040

1. Allier, Basses-Alpes, Hautes-Alpes, *Alpes-Maritimes*, Ardèche, Ariège, Aude, Aveyron, Cantal, Corrèze, Dordogne, Drôme, *Gard*, Haute-Garonne, Gers, Hérault, Isère, Loire, *Haute-Loire*, Lot, Lozère, Puy-de-Dôme, Pyrénées, Basses-Pyrénées, Hautes-Pyrénées, *Pyrénées-Orientales*, Savoie et Haute-Savoie, Tarn, Tarn-et-Garonne, *Var*, *Haute-Vienne*. La population décroît dans ces départements, sauf dans les cinq mentionnés en italiques où l'accroissement de grands centres masque l'exode rural. — 2. Augmentation (+), diminution (—). — 3. Comte de Luçay. Les contributions de la France à cent ans de distance. (*La Réforme Sociale*, juillet, août 1891, p, 226, etc.) — 4. Statistique du mouvement de la population publié en 1907. — 5. Compte rendu du recrutement de l'armée. On sait combien depuis la loi de 1905 et l'attribution exclusive des « emplois civils » aux sous-officiers rengagés, le service militaire est devenu une cause d'exode rural. — 6. V. Demontès *Le Peuple algérien*, p. 82-84, — 7. De Peyerimhof. Enquête sur la colonisation officielle en Algérie, p. 108-109. — 8. Baron Angot des Rotours. Colonies provinciales dans l'agglomération pari-sienne. (*La Réforme sociale* 1er octobre 1909, p. 448). On a fait abstraction dans ce compte des habitants du département de la Seine fixés dans l'agglomération parisienne.

vanté, dans de hautes vallées comme celles des Basses-Alpes où, après le succès du reboisement tel qu'on le poursuit depuis quarante ans, combiné aux autres facteurs d'exode auxquels l'Etat coopère si complaisamment, on sait bien qu'il ne doit plus rester personne [1] ?

Quelques brèves indications statistiques nouvelles (Tableau IV) préciseront utilement ces faits contemporains d'évasions rurales qui affectent si gravement nos départements montagneux du Midi. Aucune statistique ne permet encore d'apprécier la part contributive de la désertion et de l'émigration à l'étranger dans ces causes actuelles de dépopulation [2].

IV. — En tête de nos rivières, à l'origine d'énergies qui pourvoient à l'essor industriel et agricole des bas pays, nos populations montagnardes occupent de véritables camps retranchés hydrologiques, mais elles restent les victimes avérées du fisc qui, malgré ce qu'on en a dit [3], « sait escalader les cimes les plus abruptes et les plus dénudées ». Cette situation inquiétante le deviendra bien davantage au lendemain de l'établissement de l'impôt sur les revenus, qui réserve aux seuls impôts d'Etat le privilège des exemptions à la base et des abattements [4]. Les difficultés financières comme celles de la vie croissent avec l'altitude (Voir Tableau V).

Depuis l'établissement du cadastre, c'est-à-dire plus de quatre-vingts ans dans certains départements, le « principal »

---

[1] Comte A. de Saporta. « Dans les Basses-Alpes ». (*Revue des Deux Mondes*, 1ᵉʳ juillet 1909, p. 228).

[2] Voir notre étude : L' « Evasion contemporaine des montagnards français », *Annales de la Science Agronomique française et étrangère*, janvier 1911, p. 1 à 51. Nancy, Berger-Levrault.

[3] A. de Foville. *Le Morcellement*, 1885, p. 124.

[4] Chambre 1909. Projet de loi portant suppression des centimes départementaux et communaux, etc., n° 2351, p. 75, etc.

Sénat : E. Aimond. Note du 20 décembre 1909 pour la Commission et l'impôt sur les revenus, p. 14 à 16, etc. Voir aussi : Rapport du 30 décembre 1908, etc.

<table>
<tr>
<td rowspan="2">RÉGIONS
altitudinales métropolitaines.</td>
<td rowspan="2">Nombre
de
Communes
1905</td>
<td colspan="2">CENTIMES
pour dépenses</td>
<td colspan="5">NOMBRE DE COMMUNES
imposées</td>
<td rowspan="2">Moyenne des impositions par commune</td>
<td rowspan="2">MONTANT
total de la dette en capital
au 31 décembre 1904</td>
</tr>
<tr>
<td>Ordinaires</td>
<td>Extraordinair.s</td>
<td>à moins de 15 cent.</td>
<td>de 15 à 30 cent.</td>
<td>de 31 à 50 cent.</td>
<td>de 51 à 100 cent.</td>
<td>à plus de 100 cent.</td>
</tr>
<tr>
<td>Zone littorale ....
17 départ. 10 586 530 hect.
10 952 106 hab.
21 p. 100 du territoire : 102 habitants au kilomètre carré. De 1901 à 1906, la population augmente de 150 333 habitants.</td>
<td>8 584</td>
<td>533 499
Rapport $\frac{\text{ordinaires}}{\text{extraordinaires}}$: 4,99</td>
<td>106 925</td>
<td>457</td>
<td>1 657</td>
<td>2 512</td>
<td>2 848</td>
<td>1 110</td>
<td>61</td>
<td>533 241 909 fr.
Dette par { commune = 54 400 fr.
{ habitant = 48 fr.</td>
</tr>
<tr>
<td colspan="2"></td>
<td colspan="2"></td>
<td colspan="2" align="center">4 626</td>
<td></td>
<td colspan="2" align="center">3 958</td>
<td></td>
<td></td>
</tr>
<tr>
<td colspan="4"></td>
<td colspan="5" align="center">Rapport $\frac{4621}{3958} = 1,17$</td>
<td></td>
<td></td>
</tr>
<tr>
<td>Zone des plaines, vallées basses et coteaux........
40 départ. 23 636 359 hect.
14 294 589 hab.
47 p. 100 du territoire : 61 habitants au kilom. carré.</td>
<td>16 945</td>
<td>1 065 662
Rapport $\frac{\text{ordinaires}}{\text{extraordinaires}}$: 4,50</td>
<td>236 704</td>
<td>1 994</td>
<td>2 917</td>
<td>3 151</td>
<td>5 789</td>
<td>3 094</td>
<td>58</td>
<td>508 136 538 fr.
Dette par { commune = 29 500 fr.
{ habitant = 35 fr.</td>
</tr>
<tr>
<td colspan="2"></td>
<td colspan="2"></td>
<td colspan="2" align="center">8 062</td>
<td></td>
<td colspan="2" align="center">8 883</td>
<td></td>
<td></td>
</tr>
<tr>
<td colspan="4"></td>
<td colspan="5" align="center">Rapport $\frac{8062}{8883} = 0,91$</td>
<td></td>
<td></td>
</tr>
<tr>
<td>Département de la Seine (pour mémoire)..........
De 1901 à 1906, la population augmente de 203 094 habitants.</td>
<td>77</td>
<td>»</td>
<td>»</td>
<td>»</td>
<td>»</td>
<td>»</td>
<td>»</td>
<td></td>
<td>»</td>
<td>2 463 424 128 fr.</td>
</tr>
<tr>
<td>Zone des hautes vallées et grandes montagnes du Midi
31 dép. (¹) 18 485 934 hect.
10 156 952 hab.
31 p. 100 du territoire : 54 habitants au kilom. carré. De 1901 à 1906, la population diminue de 63 105 habitants.</td>
<td>10 604</td>
<td>734 919
Rapport $\frac{\text{ordinaires}}{\text{extraordinaires}}$: 3,12</td>
<td>235 604</td>
<td>572</td>
<td>1 091</td>
<td>2 787</td>
<td>4 272</td>
<td>1 882</td>
<td>69</td>
<td>482 495 193 fr.
Dette par { commune = 45 501 fr.
{ habitant = 47 fr.</td>
</tr>
<tr>
<td colspan="2"></td>
<td colspan="2"></td>
<td colspan="2" align="center">4 450</td>
<td></td>
<td colspan="2" align="center">6 154</td>
<td></td>
<td></td>
</tr>
<tr>
<td colspan="4"></td>
<td colspan="5" align="center">Rapport $\frac{4450}{6154} = 0,72$</td>
<td></td>
<td></td>
</tr>
<tr>
<td></td>
<td>36 210</td>
<td></td>
<td></td>
<td></td>
<td></td>
<td></td>
<td></td>
<td></td>
<td></td>
<td></td>
</tr>
</table>

N.B. — Les données de ce tableau sont extraites de la *Situation financière des communes en 1905*, Imprimerie Nationale, 1906.
(1) Voir Tableau IV.

de l'impôt foncier qui est à la base des charges fiscales du sol, n'a pour ainsi dire pas varié, surtout en ce qui concerne la propriété non bâtie. La seule imposition de « centimes additionnels » assure l'élasticité de budgets communaux ou départementaux perpétuellement grossis, sans création de ressources « naturelles » nouvelles. De 1899 à 1908, les dépenses ordinaires communales ont passé de 730 à 881 millions de francs ; le produit des centimes communaux a crû de 192 à 243 millions de francs ; le nombre des centimes a augmenté de 2 124 000 à 2 386 000 ; leur moyenne départementale passant de 59 à 65,8. En 1908, sur 36 625 communes, 19 460, plus de moitié, ont été imposées à plus de 50 centimes.

Tableau VI

DÉPARTEMENTS	Moyenne des centimes imposés en 1905	NOMBRE DE COMMUNES IMPOSÉES DE					
		0 à 50 cent.	51 à 200 cent.	201 à 300 cent.	301 à 400 cent.	401 à 500 cent.	Plus de 500 cent.
Ariège..........	128	15	304	37	2	»	»
Aude..........	154	16	322	86	15	»	»
Drôme..........	100	25	341	12	1	»	»
Gard	88	66	275	10	»	»	»
Savoie..........	170	28	186	147	19	2	2
Haute-Savoie ...	175	21	137	84	30	2	»

L'exagération des dépenses publiques est incessante : c'est un thème connu. Mais ce qui l'est peut-être moins, c'est la part écrasante qui échoit aux petits budgets, particulièrement à ceux des pays montagneux où par le fait du décharnement, de l'émiettement torrentiel et successoral du sol, de l'évasion ou de l'éviction des habitants, les disettes simultanées et progressives de matière imposable et de contribuables deviennent aveuglantes.

En définitive, c'est en haute montagne, où la population se raréfie de plus en plus, que les communes ont le plus de peine à équilibrer leur maigre budget pour faire face à des

dépenses extraordinaires perpétuellement croissantes, à l'aide
de centimes démesurément progressifs : quelques exemples
préciseront encore le fait. (Voir Tableau VI).

On s'est plu à reprocher aux régimes politiques antérieurs
au dix-neuvième siècle qui, soit dit en passant et grâce à
une prudente réglementation forestière, nous laissèrent à
exploiter de magnifiques réserves ligneuses, les « préoccupa-
tions fiscales », les « mesures bursales », qui les auraient
empêchés de tirer parti pour le bien de la société des terrains communaux ruraux inaptes à être vendus, cultivés
ou partagés en 1793 (¹) ; mais combien notre époque ne
mériterait-elle pas pires reproches ? elle qui, pourvue du
lourd faisceau de révélations économiques, culturales et so-
ciales ignorées jadis, laisse se poursuivre, si elle ne la pro-
voque pas, une dégradation d'énergies montagneuses qui
n'a pas encore eu en France et n'a nulle part sa pareille, qui
se traduit annuellement par l'évasion contemporaine d'une
armée de déracinés, insoumis, déserteurs, colons, émigrants
des deux sexes, en masse jeunes gens de race montagnarde ?
ils étaient de 34 000 à 35 000 en 1908 ! Si la future législation fiscale menace de tarir une des principales sources de
notre production ligneuse (²) et de compromettre les réserves
accumulées dans nos forêts domaniales par les « anciens régimes », combien plus vite cette législation ne précipitera-
t-elle pas la déroute de cette masse montagnarde dont bien
peu se sont préoccupés, et qui rassemble sa maigre pacotille
autrement vite que le propriétaire d'une forêt ne réalise et
ne fait évader son capital ligneux ?

De 1809 à 1840, le budget de la commune de Chaudun
(Hautes-Alpes) oscillait entre 340 et 850 francs ; de 1841 à
1850, entre 900 et 1 700 francs ; de 1851 à 1875, entre 1 800

(¹) E. Bourgin, « Les Communaux et la Révolution française ». (*Nouvelle Revue de Droit français et étranger*, novembre 1908, p. 695, etc.)

(²) Chambre : Séance du 14 mars 1908, p. 616. Discours du ministre
des Finances. Sénat : Séance du 4 mars 1910, p. 411. Discours du ministre de l'Agriculture Société nationale d'agriculture de France : Séance
du 13 août 1910. Rapport de MM. Mongenot. Bouvet, Tisserand.

et 2 000 francs. En 1889, ce budget atteignait 3 046 francs,
soit 132 francs par feu ; depuis quarante-cinq ans, la population ne cessait de décroître par exode. La commune mit
son territoire en vente. L'Etat l'acheta en 1895, pour le
reboiser. Les derniers habitants, une quarantaine, mis en
pleine déroute par les moutons transhumants des éleveurs
d'Arles, s'évadèrent au Canada ou en Algérie, laissant en
fin de compte, à la charge de l'Etat et des départements, la
dette de la commune. Si l'on observe que c'est encore en
haute montagne qu'on trouve des familles nombreuses, un
taux de natalité élevé, les évasions de cette sorte n'ont pas
que des répercussions fiscales pour le pays.

Dans le Midi montagneux spécialement, on convient que
les populations vivent de l'élève du mouton ([1]). Sur d'im-
menses étendues, des centaines de milliers, pour ne pas dire
des millions d'hectares, ce serait pure illusion de chercher
à substituer un autre bétail moins destructeur, à cet exploi-
tant précieux, mais que son extrême rusticité rend si dommageable aux sols montagneux exposés aux dégradations
météoriques. C'est par le développement outré de cet éle-
vage extensif sur les « terres à moutons » communes, pillées
par tous et de plus en plus réduites par la nationalisation du
sol, que les communautés pastorales ripostent aux attaques
incessantes du fisc : l'état de siège économique qui en résulte
dans nos hautes vallées finit par avoir raison et du berger
désespéré, et du troupeau affamé qui a « dévoré le pâturage ([2]) » ! Les ruines bien connues de Chaudun, Châtillon-
le-désert, Bédejun, celles du Dévoluy, de la haute Maurienne,
des hautes causses lozériennes, des fonds ariégeois, celles qui
se préparent à Mariaud et dans maintes autres aggloméra-
tions paysannes agonisantes, en sont les preuves tangibles.
Laissera-t-on davantage en proie la Pâture-au-Pâtre telle que
la lui a livrée la loi de 1791, et ne trouvera-t-on pas meilleur

---

([1]) Chambre : Séance du 13 février 1908. Discours du ministre de
l'Agriculture, p. 309.

([2]) Chambre : Séance du 23 novembre 1910 p. 3226 col. 2.

([3]) Chambre : Séance du 23 novembre 1910, p. 3226, col. 2.

emploi à assurer aux deniers publics que d'en faire de nouveaux déserts, par le contresens social de la nationalisation du sol ? S'il est vrai que « l'importation de la main-d'œuvre africaine en France sera demain nécessaire [1] », il faut dès aujourd'hui couper court à l'évasion de nos travailleurs en Algérie. Payons nos montagnards, ce peut être un moyen de les garder dans nos camps retranchés hydrologiques, dont beaucoup sont aussi stratégiques et où ils ne seront remplacés que par des étrangers, mais ne les payons pas pour les en déraciner.

Leur situation fiscale n'a jamais été spécialement envisagée au cours des débats agraires récents, en 1897, 1907 et 1909 : ce ne sont ni des bûcherons sous le coup d'un lock-out patronal, ni des colons victimes de la dîme et de prétendus « fermiers généraux » ; ce sont de simples contribuables, gîtés très haut et très loin, d'une valeur inappréciable pour le pays, en nombre de plus en plus réduit pour parer à des charges de plus en plus lourdes ; des pionniers aux prises avec les rudesses d'une vie ingrate dont seul un âpre et atavique attachement au sol permet de triompher ; ils ne se syndiquent pas contre le fisc, mais cependant ils en ont raison par la plus victorieuse, la plus licite des défenses, la plus dommageable au pays, par la grève la plus irréductible, l'évasion.

V. — Si, comme on l'a très justement dit, à propos de l'insuccès des anciennes législations montagneuses : « Conserver en montagne l'état actuel, ne rien faire, serait coupable » [2], il faut que la législation de demain, délaissant les formules usées qu'on n'a pas réussi à rajeunir le 1ᵉʳ avril 1910, trouve une orientation nouvelle. On peut et on doit la chercher en instituant en haute montagne, là où il faut absolument stabiliser et armer le sol par la forêt et la pe-

---

[1] De Peyerimhof. Les « Forces nouvelles en formation dans l'Afrique du Nord » (*Revue politique et parlementaire*, 10 août 1908, p. 237).

[2] Sénat : Discours cité du ministre de l'Agriculture du 4 mars 1910.

louse judicieusement réparties et rigoureusement défendues, de larges zones territoriales jouissant d'un *Régime protecteur* nettement préventif des dégradations, assurant à ceux qui détiennent ce *sol protégé* un ensemble d'immunités foncières, de privilèges fiscaux, successoraux et autres, susceptibles de compenser les restrictions de jouissance qu'entraîne dans l'intérêt public, l'emprise sylvo-pastorale inéluctable.

La totalité des terrains non bâtis englobés dans ces *périmètres de protection* sera exonérée des charges foncières, des impositions départementales et communales grevant cette propriété foncière, de la taxe de main-morte. Le revenu de ces terrains ne pourra être taxé que s'il dépasse celui qu'il avait avant l'établissement du régime protecteur.

Les propriétaires de ceux des terrains protégés qui devront être affectés à la culture sylvo-pastorale, recevront les indemnités nécessaires pour que les revenus qu'ils tiraient de ces terrains ne subissent aucune réduction du fait de l'établissement du régime protecteur.

Les droits successoraux et de mutation frappant tous les terrains privés protégés comporteront de larges atténuations, surtout en ligne directe et pour les familles nombreuses. En dehors de toute loi spéciale, et dans les pays montagneux où le capital essentiel est le troupeau qui ne vit que du sol, la progression constante des droits successoraux qui morcellent indéfiniment ce sol, conduit fatalement à sa nationalisation et à l'éviction de ses occupants, bêtes et gens.

En principe, la « nationalisation » du sol par acquisition ou par expropriation qui était la règle, deviendra l'exception. Les sols à protéger, surtout s'ils sont communs, resteront entre les mains de leurs détenteurs actuels : ceux-ci, individus ou collectivités, continueront à cultiver les parties restées cultivables, les autres parties seront restituées aux cultures soit forestières, soit pastorales, suivant leur situation propre, et sous un régime sylvo-pastoral spécial à instituer. Les ayants-droit sur ces terrains en récolteront les produits dans les conditions que comportera ce régime.

L'Etat ne pourra s'approprier que les seules terres mortes,

ou les emprises indispensables, soit à la consolidation préalable des terrains tardivement protégés ou devenus instables, soit à l'aménagement du territoire sylvo-pastoral. Il doit de plus en plus assumer la charge pécuniaire de l'institution du régime protecteur, des exonérations foncières, privilèges successoraux et indemnités permanentes ou temporaires qu'il entraîne au profit des propriétaires actuels du sol, individus, communes ou départements. Il y fera face d'abord avec le crédit de 3 5oo ooo francs, affecté annuellement à la restauration des montagnes : c'est une dotation minima intangible et permanente, appelée à défendre le pays contre la coalition des « intérêts personnels et immédiats » qui poussent de plus en plus à la dénudation du sol et à l'exode : c'est une sorte de tribut économique et social que les basses plaines d'un grand pays doivent à ses hautes montagnes, dont elles sont solidaires : c'est une prime d'assurance contre l'évasion. Ce crédit sera doublement allégé des poids morts que lui valaient la nationalisation du sol et les grandes édifications ou autres dérivations architectoniques d'hier et même d'aujourd'hui.

Dans l'éventualité de travaux importants d'ordre extra-sylvo-pastoral qui s'imposeraient sur les terrains protégés, une coopération financière et technique devra être demandée au service des Travaux publics.

Enfin, un appoint considérable d'ordre moral, et peut-être matériel, pourra être donné à l'Etat par les divers groupements déjà constitués en vue d'une application anticipée des idées de protection du sol montagneux. L'Etat doit susciter leur collaboration et s'ingénier à leur laisser l'autonomie et l'initiative indispensables à leur bon fonctionnement.

Souhaitons voir se multiplier de tels auxiliaires dégagés de toute idée de spéculation financière. Peut-être réussiront-ils un jour à grouper, pour le bien général, des « Associations de bergers » aux souches définitivement implantées sur un sol régénéré, susceptibles d'y reconstituer les énergies montagneuses du pays, et d'enraciner au loin leurs rameaux surabondants.

Nous formulons ci-après, et suivant les idées que nous

avons exposées, un programme de législation protectrice du sol. A diverses reprises, et avec d'autres auteurs (¹) qui cherchaient, eux aussi, à « mettre au jour une part de vérité », nous en avons exposé et discuté les points essentiels : l'ensemble demandait à être précisé avant l'heure grave où le Sénat appelé à délibérer sur le projet de loi du 1ᵉʳ avril 1910 devra trancher enfin cette « Question des Montagnes » qui se pose plus que jamais en France aujourd'hui.

PROGRAMME DE LÉGISLATION

I. — Des périmètres « de protection du sol », pour cause d'utilité publique, seront institués comme il est dit ci-après (III), spécialement en haute montagne et éventuellement dans les régions accidentées où la dénudation dégrade immédiatement soit le régime des eaux, soit la stabilité du sol.

II. — Ils auront pour but d'assurer par l'Etat et les soins du ministère de l'Agriculture, et éventuellement dans une forme que déterminera un règlement ultérieur d'administration publique, par des Associations constituées à cet effet et reconnues d'utilité publique :

1° La restauration et le maintien de la production sylvopastorale spontanée du sol ;

2° L'exploitation conservatrice de cette production, à l'intervention et au profit des propriétaires actuels du sol, individus ou collectivités.

(¹) MM. C. Guyot et J. Reynard ont chacun formulé, il y a quelques années, un programme de législation protectrice du sol montagneux. Nous avons reproduit ces programmes dans le rapport qu'on nous avait chargé d'établir en 1907, lors de la réunion du premier Congrès de navigation intérieure à Bordeaux. (Voir Compte rendu du Congrès, p. 104 à 222.)

III. — Ces périmètres seront localisés, savoir :

1° A l'origine des cours d'eau torrentiels, des grands ravinements, des glissements du sol, des avalanches ;

2° Aux régions de brusque enfouissement d'eaux sauvages, à celles de captage d'eaux d'alimentation publique.

IV. — Dans l'enceinte des périmètres, tous les terrains actuellement en nature de forêts, broussailles, prés-bois, pelouses, landes, bruyères, arides rocheux ou ravinés, ainsi que les lits de torrents et couloirs d'avalanches avec leurs abords immédiats suivant leurs déplacements, seront soumis au régime forestier, sous réserve de modifications formulées ci-après et qui seront ultérieurement précisées par un régime sylvo-pastoral spécial.

V. — A l'établissement du périmètre, pour chaque catégorie des terrains sylvo-pastoraux ci-dessus désignés (IV), et pour chaque propriétaire, individuel ou collectif, il sera fait état du revenu moyen dit « originel » produit depuis les dix dernières années par ces terrains.

VI. — L'Etat indemnisera pécuniairement et annuellement les divers propriétaires, dans la mesure nécessaire pour que les revenus ultérieurs desdits terrains sylvo-pastoraux (IV), appréciés dans une forme administrative à déterminer, soient maintenus au taux « originel » ci-dessus (V).

VII. — Ces indemnités cesseront d'être allouées quand, ultérieurement, les revenus atteindront ou dépasseront les dits revenus « originels », et tant qu'ils resteront tels.

VIII. — Les revenus « originels » des terrains sylvo-pastoraux n'entreront en compte dans aucune des cédules éventuelles de l'impôt sur les revenus.

IX. — Les terrains d'autres natures que celles énumérées ci-dessus (IV), également englobés dans les périmètres, resteront, tant qu'ils ne changeront pas de nature, à la libre disposition des ayants-droit, tout en bénéficiant des privilèges fiscaux et autres énumérés ci-après (X, XI, XII).

X. — Tous les terrains non bâtis, englobés dans les périmètres seront exemptés :

1° De l'impôt foncier ;

2° Des impositions départementales et communales afférentes à cette propriété non bâtie ;

3° De la taxe de mainmorte.

XI. — Les droits successoraux frappant les diverses propriétés foncières privées bâties et non bâties englobées dans les périmètres, seront réduits au quart des taux actuels concernant les différents degrés de parenté.

En ligne descendante et au premier degré, cette charge sera encore réduite d'autant de dixièmes qu'il y aura d'enfants vivants à hériter, domiciliés dans la métropole.

XII. — Les droits d'enregistrement frappant les donations entre vifs, les ventes, licitations d'immeubles divers périmétrés, seront réduits aux trois quarts, à la moitié et au quart des taux actuels, suivant que ces immeubles auront une valeur vénale respective moindre de 1 000 francs, comprise entre 1 000 et 3 000 francs, ou entre 3 000 et 8 000 francs.

Si les donations sont faites à des descendants au premier degré, ces droits seront réduits, en outre, d'autant de dixièmes que le donateur aura d'enfants vivants en sus du premier, domiciliés dans la métropole.

XIII. — L'Etat, avec la coopération éventuelle des Associations précitées (II), subviendra, sans récupération vis-à-vis des divers propriétaires, aux dépenses occasionnées par la garde, la restauration, la mise en état d'exploitation, l'aménagement des terrains voués à la culture sylvo-pastorale (IV).

Il pourra, dans les mêmes conditions, coopérer aux améliorations culturales de premier établissement à réaliser sur les terrains périmétrés laissés à la libre jouissance des ayants droit (IX).

XIV. — Si, dans l'évaluation d'ensemble des travaux neufs, prévus pour la restauration d'un périmètre, le montant des travaux spéciaux de consolidation du sol, ressort à plus de moitié des travaux sylvo-pastoraux, le service des Travaux publics participera à l'exécution de ces travaux, dans une forme à déterminer ultérieurement.

Cette participation aura également lieu quand, dans un périmètre, se déclarera l'imminence de glissements, effondrements et autres mouvements considérables du sol.

XV. — Dans l'enceinte des périmètres, les terrains que l'État pourra acquérir à l'amiable ou par voie d'expropriatio, seront exclusivement :

1° Les lits et berges vives de ravins, torrents, les couloirs d'avalanches, avec leurs abords immédiats suivant leurs déplacements ;

2° Les terrains privés, incultivés depuis plus de cinq ans ; tous ceux devenus instables, en voie ou menacés de glissement, alluvionnés par les ravins, torrents ou effondrements ;

3° L'emplacement indispensable aux travaux divers, aux abris, magasins, pépinières et voies d'accès ;

4° L'orifice et les abords des gouffres, abîmes à ciel ouvert où s'enfouissent les eaux superficielles.

Extrait du Journal des Economistes,
Avril 1911.

Imprimerie P. Legendre et Cⁱᵉ, 14, rue Bellecordière, Lyon.